EXERCICES

DE

PRONONCIATION

ET

D'ARTICULATION

Recueillis et Adaptés aux besoins des Maisons d'Éducation

Par A. BERNARD

DOCTEUR ÈS LETTRES

LIBRAIRIE CATHOLIQUE EMMANUEL VITTE

LYON   PARIS

3, place Bellecour, 3   14, rue de l'Abbaye (VI°)

1908

EXERCICES

DE

PRONONCIATION ET D'ARTICULATION

Lettre de Monsieur GERBER,

PROFESSEUR DE DICTION

AUX CONSERVATOIRES DE LYON ET DE SAINT-ÉTIENNE

à l'Auteur des **Exercices d'Articulation**.

CONSERVATOIRE
de
MUSIQUE ET DE DÉCLAMATION
de la
VILLE DE LYON

Le 15 janvier 1903.

Monsieur,

J'ai lu, avec le plus vif intérêt, les Exercices d'Articulation et de Prononciation que vous avez bien voulu me faire l'honneur de me communiquer, et je crois qu'ils rendront de réels services aux personnes soucieuses d'une prononciation pure et distinguée. Cette prononciation devrait être, en effet, le complément de toute éducation soignée.

Vos exemples sont remarquables et m'ont frappé par leur netteté et leur utilité.

Je souhaite donc bonne chance à votre excellent petit livre et vous prie de vouloir bien agréer, avec mes remercîments, l'assurance de ma considération très distinguée.

C. GERBER,
Professeur de Diction aux Conservatoires
de Lyon et de Saint-Etienne.

29, rue Jarente. LYON.

EXERCICES

DE

Prononciation et d'Articulation

AVANT-PROPOS

Extrait des *Notes et Réflexions sur la manière d'enseigner les belles-lettres.*

Par A. BERNARD
Docteur ès lettres.

(Pour paraître prochainement.)

.....Il est vraiment étrange que l'on s'occupe si peu, dans les écoles et les maisons d'éducation, de la *prononciation et de l'articulation !* Alors que l'on essaie par divers exercices : gymnastique, escrime, etc..., de fortifier et d'assouplir les autres muscles du corps, on ne s'inquiète pas de développer les organes de la parole. Bien plus, ne voit-on pas des jeunes gens, affectés d'une prononciation détestable, blésants, bégayants même, étudier avec soin les arts d'agrément et ne rien faire pour se corriger de leurs défauts de prononciation?

Cependant une bonne articulation et une prononciation correcte ont des avantages qui méritent d'être recherchés.

Aux jeunes gens dont je viens de parler, elles sont indispensables pour cesser d'être ridicules.

C'est par elles aussi, que l'on arriverait à faire disparaître les accents provinciaux si désagréables : chuintement de l'Alsace et de l'Auvergne, zézaiement de quelques contrées du Midi, etc...

La netteté et la pureté de l'articulation sont nécessaires surtout à ceux qui sont appelés à prendre la parole en public. M. Legouvé, dans son excellent traité sur la lecture (1), soutient qu'elles donnent à la parole la clarté, l'énergie, la passion, et il cite plusieurs acteurs de premier ordre, qui leur ont demandé le moyen de suppléer heureusement à la faiblesse de leur voix. Et à ce point de vue, remarquons-le, l'articulation n'est pas seulement importante pour le très petit nombre de jeunes gens qui se destinent au théâtre, elle intéresse aussi la plus grande partie de la jeunesse de nos écoles, dans un pays et à une époque où, plus que jamais, il est vrai de dire : *tout dépend du peuple et le peuple dépend de la parole.*

Mais, d'une manière plus générale encore, une bonne articulation a une importance dont on ne se rend pas assez compte. Elle semble être la manifestation de toute culture littéraire et de toute éducation soignée. Il suffit de comparer, pour s'en convaincre, les impressions produites dans une société, par deux personnes de

(1) *L'Art de la lecture,* pp. 55-56.

développement intellectuel semblable, dont l'une articule nettement et l'autre prononce d'une manière sourde et embarrassée. Je crois que l'on peut aller jusqu'à dire : *une bonne articulation est pour moitié dans ce qu'on appelle la distinction.*

Le meilleur moyen de se procurer ces avantages est évidemment de recourir aux leçons d'un maître spécialement doué et préparé pour ce genre d'enseignement, et il serait à désirer qu'il y en eût un dans chaque maison d'éducation. Cependant la plupart des élèves peuvent arriver à de bons résultats, avec les ressources qu'ils trouvent ordinairement autour d'eux. Il suffit qu'ils se fassent renseigner, par un maître ou un ami, sur les défauts plus ou moins saillants de leur prononciation et qu'ils s'efforcent de s'assurer une articulation nette et énergique, en produisant une espèce d'entraînement de chacun des organes qui concourent à la parole.

C'est pour les aider à obtenir ces résultats que j'ai cru devoir extraire, des ouvrages les plus autorisés, les *exercices* suivants, d'où j'ai impitoyablement éliminé tout ce qui était trop théorique ou trop spécial. Pour le *jeu des organes*, par exemple, je n'ai indiqué que les mouvements qui me paraissaient décisifs ou les plus importants dans l'articulation de chaque lettre.

Ces exercices se composent de deux parties : l'une a pour but d'assurer l'émission correcte des voyelles, l'autre l'articulation distincte des consonnes. Pour quelques sons, j'ai signalé certaines prononciations défectueuses à éviter ; mais on comprendra que ces indications ne pouvaient être que sommaires et chacun devra les compléter, d'après ses besoins personnels, dans le petit espace laissé en blanc au début des différents exercices.

Il n'est pas indispensable, il est du reste parfois impossible que ces exercices soient faits à haute voix. L'articulation silencieuse, qui consiste à faire jouer chaque organe sans émettre une phonation retentissante, donne d'excellents résultats et peut facilement avoir lieu, sans causer de dérangement, au milieu même d'une salle d'études.

Quelques professeurs conseillent de s'exercer à articuler en tenant un morceau de crayon ou une moitié de bouchon en liège entre les incisives, ou bien encore en ayant, dans la bouche, deux boules de deux ou trois centimètres de diamètre, en gutta-percha ou en caoutchouc. Cette pratique, à laquelle des acteurs et des orateurs célèbres ont demandé la merveilleuse netteté de leur articulation, ne va pas sans quelques inconvénients. Les boules notamment provoquent des *haut-le-corps* fort désagréables. On pourrait donc la réserver à ceux qui veulent arriver au dernier degré de l'art de la diction. Pour ceux qui désirent simplement perfectionner leur prononciation, il n'est pas indispensable de recourir à ces moyens.

Mais il est absolument nécessaire, au contraire, que les exercices soient faits, partiellement au moins, tous les jours, et, autant que possible, à heure fixe. Il va sans dire que l'on devra surtout insister sur les lettres que l'on a le plus de peine à bien articuler; ceux qui blésent ou zézayent, sur la prononciation de l's (p. 16); ceux qui ont des tendances à chuinter, sur la prononciation du c (p. 16) et du j (p. 15); ceux qui grasseyent, sur la prononciation correcte de l'r (p. 23). Quant aux bègues, le seul moyen de corriger leur infirmité est de faire souvent ces exercices et de s'efforcer de parler très lentement.

Je connais assez les jeunes gens pour savoir que, au début, ils se livreront au travail avec ardeur; mais ils doivent se prémunir contre l'inconstance naturelle à leur âge. Je suis cependant convaincu que lorsque, au bout de peu de temps d'efforts, ils constateront, dans leurs conversations ou leurs lectures, que leur articulation devient plus nette et plus distincte, ils trouveront là le meilleur encouragement à continuer des exercices qui leur assurent d'aussi heureux résultats.

A. B.

I

ÉMISSION DES VOYELLES

La règle la plus importante dans l'émission des voyelles est d'abaisser le plus possible la mâchoire inférieure, afin d'ouvrir largement la bouche en prononçant les voyelles où entrent les sons :

a, ai, oi, ain, an…, quelle que soit leur représentation graphique.

C'est ce que les spécialistes appellent *faire les longues*.

L'observation de cette règle, qui est d'une application très fréquente, mais qui demande de nombreux exercices et une assez grande attention, modifie profondément la prononciation.

On s'en convaincra en faisant les exercices suivants :

— Le grānd Annibāl āmenā Cārthāge à l'āpogée de sā grāndeur.

— L'Arābe du Sāhārā ādore Allāh ; l'Isrāélite, Jéhovāh.

— Les āmāzones se rēndirent fāmeuses dāns les combāts.

— Un monārque disaīt : Lā lōi c'est le rōi, le rōi c'est mōi, aīnsi je suis lā lōi.

Son A.

Jeu des organes. — *Ouvrir largement la bouche en abaissant la mâchoire inférieure.*

Défauts à éviter : donner le son de l'*à* aux mots : abbé, maxime, etc.

Observer la règle et faire les exercices précédents.

Son E.

Jeu des organes. — *Avancer la mâchoire inférieure et ramener le coin des lèvres sur les dents.*

Défauts à éviter :

REMARQUES. — Il faut donner à l'*e* muet final le son de *eu* sourd.

— Les articles *les*, *des ;* les pronoms *mes*, *tes*, *ses* ont le son de l'*è* ouvert.

— Le son *ai* dans le futur et le parfait défini équivaut à l'*é* fermé ; dans les conditionnels et l'imparfait à l'*è* ouvert.

— Distinguer la conjonction *et* (*é* fermé) du verbe *est* (*è* ouvert).

Exercices. — Il m'est même arrivé de manger
Le berger.

— Pour éviter les chaleurs de l'été, dès que Mai sera passé, j'irai chercher la fraîcheur dans les forêts.

— Ne remets jamais au lendemain, ce que tu peux faire le jour même.

Son I.

Jeu des organes. — *Ramener les lèvres en arrière.*

Défauts à éviter : donner à l'*y*, entre deux voyelles, le son d'un seul *i*. Pays doit se prononcer *pai-is* et non *pa-is*.

Exercices. — On dit que Denys le tyran fit mettre ses victimes sur un lit de fer qu'il avait fait rougir.

— Il existe encore en Italie de sinistres bandits qui, à midi aussi bien qu'à minuit, pillent les voyageurs venus pour visiter ce magnifique pays.

— Le rayonnement des joyaux et du diadème royaux produit un magnifique effet de lumière.

Son O.

Jeu des organes. — *Porter les lèvres en avant, et arrondir l'orifice buccal.*

Défauts à éviter : ils sont nombreux. Dans beaucoup de provinces on fait longs des *o* qui doivent être brefs, et *vice-versa*.

Exercices. — Il alla jusqu'à Rome porter l'arôme de ses vertus.

— Un sonnet sans défaut vaut seul un long poème.

— D'un pôle à l'autre, de l'Orient jusqu'à l'Occident, on honore les héros.

— Près du tombeau de son héros, Laocoon offrit à Chronos en holaucauste un taureau aux cornes d'or.

— A l'approche de l'automne, les forêts commencent à jaunir.

Son U.

Jeu des organes. — *Porter les lèvres en avant, et donner à la bouche une forme ovalaire.*

Défauts à éviter : la prononciation de cette voyelle confinant à celle de l'*i*.

Exemple. — Áukin, chakin (pour aucun, chacun).

Exercices. — Un Anglais articule avec difficulté les mots en *u*, comme turlututu, hurluberlu, zut.

— Le bruissement et le murmure d'un ruisseau ondulant sous une futaie touffue procurerait à un Hugo le sujet d'un volume.

Sur un clocher jauni
La lune
Comme un point sur un I.

— De ce monticule nous eûmes une vue très étendue sur la plaine.

Son OU.

Jeu des organes. — *Porter les lèvres en avant, en formant un pavillon cylindrique proéminent.*

Défauts à éviter :

Exercices. — La tourterelle roucoule, la poule glousse, le hibou hulule, le loup hurle, la grenouille croasse, le coucou dit : coucou.

— La houle de la mer en courroux secouait et roulait le mousse, de la poupe à la proue.

— Sous le souffle de l'ouragan, la lourde tour s'écroula tout à coup.

— Les troubadours furent toujours engoués de concours et jaloux de couronnes.

Son EU.

Jeu des organes. — *Porter les lèvres en avant.*

Défauts à éviter : donner à l'*eu* long la prononciation de l'*eu* bref et *vice versa*.

Il faut prononcer bref *eu* dans *œuvre, fleuve, preuve, jeune, peuple.*

Exercices. — Le hâbleur est souvent un imposteur sans honneur ; le railleur, le persifleur, le gouailleur manquent de cœur.

— Heureux le jeune orateur studieux et travailleur, qui évite les écueils nombreux, semés en tous lieux.

— Sur le seuil de sa demeure, l'aïeule pleurait sur ses malheurs.

— La campagne est un lieu où les mœurs demeurent meilleures qu'ailleurs.

II

ARTICULATION DES CONSONNES

Chuintante. — CHE.

Jeu des organes. — *Porter les lèvres en avant et relever la langue vers le palais.*

Défauts à éviter :

Exercices. — Cha, châ, che, ché, chè, chê, chi, chî, cho, chô, chou, chu, chan, chin.

— Je cherche un abri contre la chaleur, sous la charmille que forment les branches enchevêtrées des chênes et des charmes.

— Le chardonneret est un chanteur charmant.

— Il faut des chiens achetés cher et une arme chargée avec des chevrotines, pour chasser le chamois ou le chevreuil.

— La charrue, dans les champs, détruit le chaume, les chardons et le chiendent.

Chuintante. — JE.

Jeu des organes. — *Porter les lèvres en avant, en relevant la langue vers les dents supérieures.*

Défauts à éviter : le chuintement de l'Alsace, qui consiste à substituer le son *che* au son *je*.

Exemple. — Les *chuifs* pour les *juifs*.

Exercices. — cha, ja, ja, cha,
che, je, je, che,
cho, jo, jo, cho,
chu, ju, ju, chu,
ja, je, ji, jo, ju, jan, jin.

— J'envie la joie des juges, quand ils peuvent joindre la générosité à la justice.

— Les jeunes générations gémissent sous le joug des tyrans.

— Chez les Juifs, les justes joignaient les jeûnes aux prières pour apaiser Jéhovah.

Sifflante. — SE.

Jeu des organes. — *Ramener les lèvres en arrière et appuyer la langue sur les dents inférieures.*

Défauts à éviter : le zézaiement qui est la confusion du *se* avec le *ze* et le *je*.

Exemple. — *Ze zuis zage* pour *je suis sage.*

Le chuintement de l'Auvergne, qui consiste à prononcer le *se* comme le *che.*

Exemple. — *che choldat,* pour *ce soldat.*

Exercices. — sa, se, si, so, su, san, sin.

— Si ceci se sait ce soir, ces soins sont sans succès.

— Pour qui sont ces serpents qui sifflent sur vos têtes.

— Ces cyprès sont si loin qu'on ne sait si c'en sont.

— Grâce au saisissement de ses sens, ce soldat n'a pas senti la cuisson de sa blessure.

Sifflante. — ZE.

Jeu des organes. — *A peu près le même que pour SE en tenant la langue plus près du bord des dents inférieures.*

Défauts à éviter : le blésement qui provient de ce que, en prononçant le *ze*, on laisse la langue passer entre les dents.

Exercices. — za , ze, zi, zo, zu, zam, zin.

— La cause du zézaiement et du blésement est la confusion de l's et du *z*.

— Les zouaves méprisaient les zagaies des zoulous, zigzaguant dans les airs.

— Deux grandes îles de la Polynésie ont le nom de Zélande.

— La langue française use rarement du *z* bizarre.

Labiale dentale. — FE.

Jeu des organes. — *Appuyer la lèvre inférieure sur les dents inférieures et faire vibrer l'air sur la lèvre supérieure.*

Défauts à éviter :

Exercices. — fa, fe, fi, fo, fu, fon, fin.

— La faux fraîchement effilée, fauche les fleurs fraîches, comme le foin fané.

— Les fanfarons sont parfois terrifiés par des farfadets ou des fantômes.

— Un motif futile et frivole suffit à un fripon, pour faire fi de la foi jurée et forfaire à l'honneur.

Labiale dentale. — VE.

Jeu des organes. — *Faire vibrer l'air sur la lèvre inférieure après l'avoir appuyée sur les dents.*

Défauts à éviter : substituer le *fe* au *ve*, comme les Alsaciens et les Allemands.

Exemple. — *Si fous foulez fenir*, pour *si vous voulez venir.*

Donner au *v* le son de l'*u.*

Exemple. — *Ouoir*, pour *voir ; ouoûte*, pour *voûte.*

Exercices. — va, fa, fa, va,
ve, fe, fe, ve,
vi, fi, fi, vi,
vo, fo, fo, vo,
vu, fu, fu, vu,
va, ve, vi, vo, vu, van, vin.

— Les vignes et les vergers de la vallée du Vésuve ont souvent été couverts par les laves vomies par le volcan.

— Les voiles des vaisseaux et des navires semblent voler sur les vagues, quand le vent est un peu violent.

— Les survivants de Waterloo, vénérables et vaillants vaincus, reprochent à la victoire d'avoir visiblement favorisé Wellington.

Gutturale. — QUE.

Jeu des organes. — *Retirer la langue au fond de la bouche et produire une sorte de détonation gutturale.*

Défauts à éviter :

Exercices. — Qua, que, qui, quo, cu, quan, quin.

— La coca procure ce que le coq a : une voix éclatante.

— Le capitaine Cartouche commandait à une compagnie de quarante coquins.

— Les cromlechs séculaires de Penmarck sont considérés comme des reliques de la Gaule antique.

— Les habitants des contrées équatoriales sont condamnés à vivre côte à côte avec les scorpions et les crocodiles.

Gutturale. — GUE.

Jeu des organes. — *Appuyer la pointe de la langue sur les dents inférieures et produire une détonation gutturale comme pour le QUE.*

Défauts à éviter :

Exercices. — qua,   ga,   ga, qua,
que, gue, gue, que,
qui, gui, gui, qui,
quo, go, go, quo,
cu, gu, gu, cu,
ga, gue, gui, go, gu, gan, guin.

— Les gondoliers, sans godille ni gouvernail, font glisser leur gondole sur les vagues, comme de gracieux goélands.

— Le tigre, la gueule sanglante, guette la gazelle et le gorille sur les bords du Congo.

— Les grenadiers de la garde, grands gaillards un peu gourmés et gratifiés, pour cela, du grotesque surnom de grognards, étaient grisés par la pensée de la gloire.

***

Dentale. — TE.

Jeu des organes. — *La langue doit toucher le palais et frapper les dents supérieures.*

Défauts à éviter. — En général il ne faut pas faire retentir le T redoublé.

Exemple. — *At-tention*, prononcez *atention*.

Exercice. — Ta, té, ti, to, tu, tan, tin.

— Ton thé t'a-t-il tari ta toux.

De tout temps
Les petits ont pâti des sottises des grands.

— Les poètes Plaute et Térence représentent presque tout le théâtre latin.

— Trouville a été longtemps à la tête de nos flottes.

— Ces trésors tôt ou tard tenteront les Tartares.

Dentale. — DE.

Jeu des organes. — *La langue doit frapper les dents supérieures, après avoir touché le palais plus que pour la prononciation du TE.*

Défauts à éviter. — Contrairement à ce que nous avons remarqué pour le *T* redoublé, il faut, en général, faire retentir le *D* redoublé,

Exemple. — Ad-dition, ad-duction.

Exercices. — ta, da, da, ta,
te, de, de, te,
ti, di, di, ti,
to, do, do, to,
tu, du, du, tu,
da, de, di, do, du, dan, din.

— Le lundi correspondait au duodi de la décade du calendrier républicain.

— Des temples dédiés à des demi-dieux ont été édifiés à Delphes.

— Charlemagne dicta les conditions de la reddition de Didier.

Labiale. — BE.

Jeu des organes. — *Rapprocher les lèvres et ouvrir brusquement la bouche.*

Défauts à éviter. — Il ne faut pas faire sentir *B* redoublé.

Exemple : *abbé*, prononcez abé.

Exercices. — ba, be, bi, bo, bu, ban, bin.

— Le bêlement de la brebis, le beuglement du bœuf, le barillement du buffle, le braîment du baudet sont bien désagréables.

— L'art de bien articuler combat le balbutiement, le bégaiement, le blésement et le bredouillement.

— Ces bébés, beaux et blonds bambins, aiment beaucoup à babiller.

Labiale. — PE.

Jeu des organes. — *Le même que pour le BE avec une explosion plus violente.*

Défauts à éviter. — Le P redoublé doit se prononcer comme un seul, sauf dans *appendice, appétit, hippique.*

Exercices. — pa, ba, ba, pa.
pe, be, be, pe.
pi, bi, bi, pi.
po, bo, bo, po.
pu, bu, bu, pu,
pa, pe, pi, po, pu, pan, pin.

— Quand paraît le printemps, le papillon prend sa belle parure; mais le premier froid le précipite dans la profondeur du néant.

— La popularité est peut-être la plus grande puissance, mais la plus éphémère.

— La prospérité n'est pas toujours en rapport avec les qualités propres des personnes qui en profitent.

Linguale vibrante. — RE.

Jeu des organes. — *Faire osciller la pointe de la langue, après l'avoir portée vers la voûte palatine, un peu en arrière des incisives.*

Défauts à éviter : le grasseyement qui consiste à prononcer le *RE* avec le gosier, et non par les vibrations de la pointe de la langue.

Exercices. — Pour arriver à bien faire vibrer le *RE*, Talma conseillait de s'exercer, en articulant d'abord rapidement deux dentales de suite :

te, de, td, tr — travail,
te, de, td, dr — drap.
te, de, td, dr — droit.

D'autres spécialistes conseillent de substituer *l* à la seconde dentale :

te, le, tl, tr, — travail.
de, le, dl, dr, — drap.
de, le, dl, dr, — droit.
ra, re, ri, ro, ru, ran, rin.

— Trois très gros rats rentrèrent dans trois très grands trous.

> Un pauvre grillon,
> Dans l'herbe fleurie,
> Regardait un papillon
> Voltigeant dans la prairie.

> L'azur, la pourpre et l'or mariant leurs couleurs
> Sur son corps gracieux, il court de fleurs en fleurs.

— Lorsque le tigre fait retentir, à travers le désert, son terrible rugissement, l'Arabe frissonne de terreur.

Linguale vibrante. — LE.

Jeu des organes. — *La langue touche le palais et vient frapper l'alvéole des dents supérieures.*

Défauts à éviter :

Exercices. — la, le, li, lo, lu, lan, lin.

> Dans le calice de la fleur,
> L'abeille va cueillir son miel.

— Le lis est le type des liliacées et l'ivraie celui des loliacées.

> Il se lève tranquillement,
> Lit le journal allégrement,
> S'en va babiller longuement.

> . . . .

> Le soir soupe légèrement,
> Se déshabille lentement,
> Puis se met au lit mollement.

Linguale mouillée. — LLE.

Jeu des organes. — *La langue touche, puis frotte légèrement le palais, comme pour prononcer LIE.*

Défauts à éviter :

Exercices. — lla, lle, lli, llo, lla, llin.

— Pareil à la rouille, l'orgueil souille les meilleurs exploits.

— On raille ce Marseillais gouailleur, criaillant, sans sourciller, que sa ville est une merveille non pareille.

— Pendant que l'aïeule sommeille dans son fauteuil, la jeune fille veille sur le seuil, en effeuillant des chèvre-feuilles.

— Que de deuils dans les familles, quand, dans la bataille la mitraille tourbillonne et que la fusillade pétille au milieu des bataillons.

Gutturale nasale. — GNE.

Jeu des organes. — *La base de la langue doit laisser passer le son par les fosses nasales.*

Défauts à éviter : Supprimer le son du *G* en articulant *GN*.

Exemple. — *Manifique* au lieu de *magnifique*.

Exercices. — Gna, gne, gni, gno, gnai, gnan, gnin.

— La manière hargneuse dont seigneur loup reçut le témoignage de l'agneau, montre qu'il feignait d'ignorer que la force règne dans la montagne, comme dans la campagne.

— Il a daigné faire sa compagne de cette duègne indigne.

— Ton ignominie, fût-elle ignorée de tes compagnons, imprègnera ton âme d'un poignant désespoir.

Linguale nasale. — NE.

Jeu des organes. — *Le bout de la langue fixé sur les dents supérieures, le voile du palais s'abaisse et laisse passer le son par les narines.*

Défauts à éviter : prononcer le *NE* comme le *GNE*.

Exemple. — *Magnière* au lieu de *manière*.

Exercices. — Na, ne, ni, no, nu, nan, nin.

— Les naïades, nymphes des fontaines, se cachent sous les nénuphars.

— Les ruines de Ninive ont donné aux numismates de beaux spécimens de monnaies anciennes.

— Les neiges éternelles semblent unir naturellement les nues et les montagnes.

Labiale nasale. — ME.

Jeu des organes. — *Les lèvres sont rapprochées; au moment où s'ouvre la bouche, le voile du palais s'abaisse et laisse passer l'air par les fosses nasales.*

Défauts à éviter :

Exercices. — Ma, me, mi, mo, mu, man, min.

— Le murmure mélodieux de la mer, se mêle harmonieusement au bruissement des mimosas sur les bords de la Méditerranée.

— Au moment où Aman se croyait maître du royaume, il dut marcher aux côtés de Mardochée dont il avait demandé la mort.

— Quand mugit la mer de Marmara, habituellement morne, le matelot sait qu'il est menacé d'une mort imminente.

APPENDICE

Je crois devoir ajouter à ce petit travail, des exercices inédits, par lesquels plusieurs acteurs en renom
font, pour ainsi dire, l'éducation de leurs poumons et
leur apprennent à fournir plus ou moins d'air, suivant
la force de la phonation qu'ils veulent obtenir.

I

Attaquer vigoureusement et émettre, du fond de la
poitrine, chacune des voyelles.

A
E
I
O
U

Respirer d'abord entre chaque voyelle.

Puis prononcer les cinq voyelles en une seule respiration.

II

A,	a,	a,	a,
E,	e,	e,	e,
I,	i,	i,	i,
O,	o,	o,	o,
U,	u,	u,	u,

Prononcer chaque ligne en une seule respiration.

Puis les cinq lignes en une seule respiration.

III

Prononcer **A** en prolongeant le son aussi longtemps
et aussi également que possible.

A ——————————————————————— A

Attaquer très fort et diminuer le son graduellement.

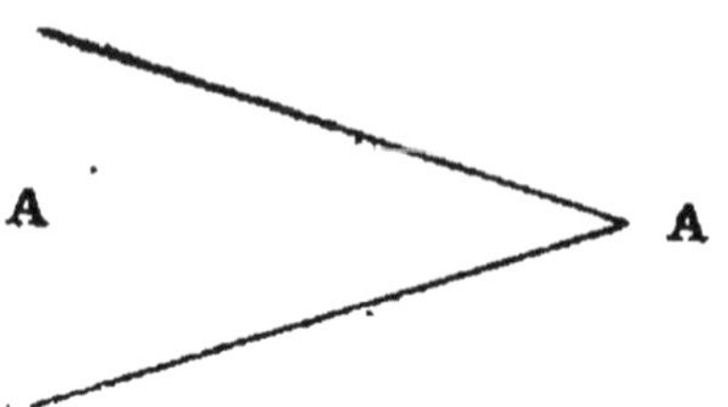

Attaquer très doucement et augmenter le son graduellement.

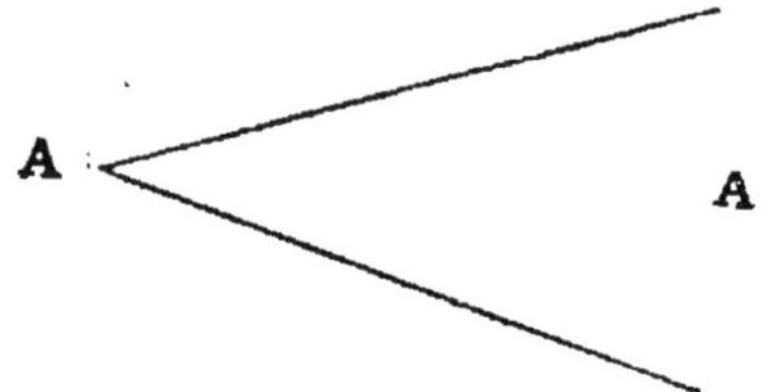

Faire, dans la même respiration, les deux exercices
précédents.

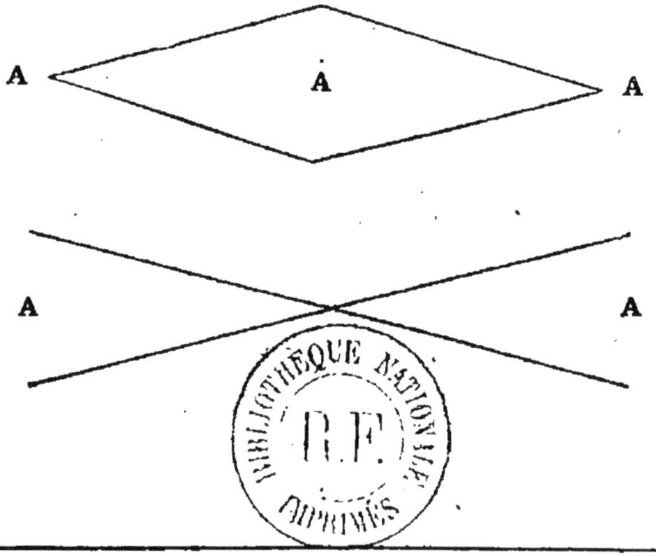

www.ingramcontent.com/pod-product-compliance
Ingram Content Group UK Ltd.
Pitfield, Milton Keynes, MK11 3LW, UK
UKHW020107100726
13658UKWH00005B/2011